AMOR EN DESUSO

Manoli Penalva Lorca

Aliarediciones

Corrección: Eladia Guerrero
Maquetación: Aliar Ediciones

Segunda edición: Febrero 2025
Depósito Legal: GR 1723-2024
ISBN: 979-13-87590-13-0

Impreso en España

Edita
ALIAR Ediciones
www.aliarediciones.es
info@aliarediciones.es

AMOR EN DESUSO

Manoli Penalva Lorca

PREFACIO

En pleno siglo XXI las personas continuamos siendo una de las principales paradojas a nivel emocional.

Todos nos hemos embarcado en alguna ocasión en librar una batalla interna donde la persecución de nuestro bienestar se encuentra plagada de obstáculos, convirtiéndose nuestros deseos en deseos inalcanzables.

Dolor, amor, miedo, incertidumbre, desamor…, luchas continuas que, en ocasiones, no son cuestión de resiliencia, sino de ser capaces de pedir ayuda sin tener en cuenta el qué dirán.

A través de la escritura de este poemario pretendo alzar la voz en cuestiones cotidianas del día a día, aquellas que nos ahogan e impiden respirar, las amargas despedidas, los momentos de soledad que nos hacen más vulnerables, e incluso aquellas situaciones que nos hacen brillar.

Deseo que el lector pueda disfrutar de todo aquello que he tenido la necesidad de vociferar y reflejar en las próximas páginas.

«Vida», «Amor, deseo y despedidas» y «Bailes» enumerados en actos. Bailes con la vida, mi vida, la tuya, la de todos los que puedan sentirse identificados. Es la necesidad de plasmar vivencias y sentimientos; la energía que nos hace brillar cada día; una energía que se apaga en muchas ocasiones, pero que, afortunadamente, con ayuda, volvemos a hacer relucir.

Querido lector, espero que mis sentimientos sean de su agrado.

I. PARTE

VIDA

MI VIDA, LA EMPATÍA

Su sangre, mi sangre.
Sus problemas, mis problemas.
Sus lágrimas, mis lágrimas.
No puedo con ella.
Salud que agoniza.
Muerta en vida, vida perdida.

ESPERANZA

Fuiste luz en la oscuridad.
Tus risas: pura bondad.
Tu voz: libertad.
Tu presencia: mi esencia.
Tu ausencia: mi tristeza.

PULSO A LA VIDA

Mirando a la luna supe que era una locura.

Mirando al pasado me di cuenta de todos mis fracasos.

Una zona de confort que aportó mucho dolor.

Ira y agonía frente a tristeza y melancolía.

Empatía y resiliencia frente a gratitud y virtud.

Mirando a la luna recapacité en la aventura.

Las ganas de morir se convirtieron en ganas de vivir.

Atrás quedaban olores que perdurarían hasta el final de nuestros días.

Esperé la valentía para no marchar con cobardía de esta vida.

DESOLACIÓN

Las penas anidan cuando nuestras mentes las cobijan.

La tristeza goza mientras nuestras almas lloran.

La soledad llega cuando menos se espera.

Dejarse fluir o dejarse ir.

Mapas que crean aventuras nuevas.

Palabras de cuento que parecen un final perfecto.

Mientras tanto, busca mi mano alzada entre la multitud
de personas desoladas.

VALENTÍA

Fue el coraje el que me quitó el vendaje;

mis ganas de luchar las que provocaron la ausencia de llorar.

Mis ganas de participación las que supusieron una propia superación.

La tristeza perenne convertida en una alegría creciente.

La amistad, la falta de soledad.

La coherencia, mi resistencia.

Las ganas de amar sin escatimar.

Vivir y sentir.

Las metas de la vida junto a tu sabiduría.

Un camino difícil donde la compañía será la mejor guía.

INFIERNO

Si fuerza su escucha, puede que acabe apresado...
IVÁN NAVARRO LLUESMA

En la oficina: silencio pesaroso, eco de susurros,

sombra en reposo.

Acoso laboral, cruel condena, enreda mentes

y la paz envenena.

Palabras afiladas como dagas danzan,

cortan esperanza mientras la víctima avanza.

Entre escritorios el miedo se cierne,

un grito ahogado donde el alma enferme.

Gritos de socorro que quedan en saco roto.

Luchas encarnadas que te dejan el alma vacía.

Vislumbrar un futuro mejor, tu objetivo mayor.

Vidas perdidas entre la sombría por falta de valentía.

Luces apagadas esperando a ser renovadas.

Toda una aventura para aquel al que todavía le quede cordura.

CONSEJOS

Sentada en la orilla, mi mirada se vuelve infinita.
Un mundo sin sentido que cada vez es más duro
si no estás conmigo.
Fuiste mi abrigo en momentos fríos.
Mi sosiego y consuelo en momentos de tormento.
Mi guía cuando no encontraba una salida.
Mirando al cielo recuerdo tu último consejo.
Sé osada en esta vida alocada.
Vida fugaz que se pierde en un abrir y cerrar.

OSCURIDAD

Oscuridad que acecha en horas bajas, siempre ella.
Oscuridad que invade todo avance y todo alcance.
Oscuridad cimentada en lo más profundo de mi alma.
Motivos desconocidos que desfiguran la realidad
o más bien conocidos difíciles de superar.
¿Qué he de hacer para volver a la normalidad?
Pocos son capaces de ponerse en mi lugar.
Los que están en la misma oscuridad,
incapaces por miedo de apoyar.
¿Debo yo culparles del sentimiento que les invade?
¿Cómo afrontar la situación
para desvanecer las tinieblas de la vida?
Mi entorno no entiende el silencio,
la tristeza que ocupa la situación.
No valen palabras de aliento, ni referencia de nada.
Solo espero que la lucha de hoy sirva para evitar
lugares tenues ante situaciones similares.
Que las ganas de morir tras tanto sufrir
caigan en el olvido enfermizo
donde terminen ganando las ganas de vivir.

TIEMPO

Al borde del precipicio se paró el tiempo,
decía que no era el momento.
Al borde de la vida apareció una sonrisa.
El tiempo se detuvo y expuso: donde hay sombras
siempre aparecen luces, donde observas el final
siempre volverás a reiniciar.
¿El tiempo? Algo sin sentido que no te espera
si no avanzas sorteando las zarzas.

ESPERANZA MARCHITA

La fe se pierde, la esperanza marchita
y las ganas de luchar se desvanecen.
La incertidumbre ahoga y las lágrimas brotan.

TRISTEZA

La sonrisa disminuye cuando las preocupaciones te inundan.
La moral se derrumba cuando tu mente se nubla.
Gente normal buscando la soledad.
Gente corriente nadando a contracorriente.
Personas con bondad intentando siempre ayudar.

SILENCIO

Lágrimas invisibles que ahogan en cada suspiro.
Suspiros que agonizan al recordar tu sonrisa.
Tu imagen en mi memoria,
tu presencia la auténtica ausencia.
Mi motor tu afán de superación,
mi tristeza tu inexistencia.
Silencios clavados en el alma, chirrían los oídos
por no escuchar tus palabras.
Tu figura vagando por mi mente, siempre presente.
Fuiste luz que apagó cual tormenta que todo anegó.

CENIZAS

Cerrar los ojos y confiar.
Tener la mente fría en que tu oportunidad llegará.
Creer que todo se va a solucionar.
Lágrimas que abocan en el mar, miradas perdidas
esperando una salida.
Caos que destroza vidas e invita a ilusiones dañinas.
Corazones y esperanzas que te hacen recapacitar sobre la vida.
Tristeza, añoranza que invade la melancolía; vida
que cobraba sentido convirtiéndose en cenizas.

COBARDÍA

Muerte y vida ligadas a la cobardía.
Metas conseguidas convertidas en auténticas pesadillas.
Gritos de espanto, lucha de superación en quebranto.
Vida, qué agonía.
Tristeza, qué pereza.
Muerte, singular descanso para la mente, la paz y la bondad,
factores que te hicieron marchitar.

MUERTA EN VIDA

Pensaba que moriría cuando la hora me llegara,
pero cada vez que respiro me matan los recuerdos,
me ahoga la tristeza, me nublan los sentimientos.
¿Muerta en vida?
La agonía del recuerdo, de los buenos
presentimientos que invaden la melancolía.
Palabras jamás soñadas resonando en tus entrañas,
sonrisas apagadas cuando el mundo te da la espalda.
Cruel realidad si la moneda no se contonea al lado que se espera.
Destino incierto que parece un infierno.

RECUERDO

El olvido siempre aparece en modo de recuerdo.
Mónica Carrillo

Me faltaría el aire para decirte
todo lo que tengo que agradecerte.
Me faltaría encontrarte
para recordarte nuestras risas más variopintas.
Me faltaría que bajaras un ratito
desde allá donde estés para volver
a recomponer recuerdos rotos que
dejaste el día que marchaste.

CRUEL SOCIEDAD

Caída está mi ilusión, / desactivada mi estrategia,
nada sale como en el guion / porque el mundo sufre dislexia.
FERNANDO MAÑOGIL MARTÍNEZ

La sociedad nos obliga a vivir una vida no elegida.
Avanzar por la vida por un túnel sin sentido, sin salida.
Sociedad que dicta nuestros pasos, sin tener en cuenta
que se trata de un posible camino equivocado.
Nuestra ilusión abocada al fracaso,
la vida en un laberinto sin punto de partida.
Sociedad corrompida.
Caras que reflejan tristeza, melancolía,
por no luchar por unas metas a alcanzar.
Cara, fiel reflejo del alma, llantos
que son el resultado de las palabras más amargas,
vidas perdidas por esta nuestra sociedad corrompida.

ESPERANDO LA ESPERANZA

Sentada en un banco esperaba una llamada.
Un *escribiendo* con puntos suspensivos que nunca llegaba.
Suspiros en mi interior que ahogaban.
Añoranzas de palabras que generaban un nudo
en lo más profundo de mis entrañas.
Lágrimas de fracaso, una vez más en estos mis pasos.

MANOS QUE SALVAN, SILENCIOS QUE MATAN

Túneles en penumbra, murmullos en la sombra.
Voces tenues pidiendo ayuda,
voces apagadas pidiendo ser salvadas.
Vidas que desembocan en una cloaca rota,
vida sin sentido ante un brutal abismo.
Vidas truncadas por enfermedades que se desatan.
Sueños en el túnel, luz en la lejanía
¿será esa la mejor de las salidas?
Depresión que avanza ganando mil batallas,
coraza adquirida para no caer durante la huida.
Vida no querida, no amada, no sentida.
Vida luchada para caer entre las espinas.
Vida perdida por no conseguir alegrías.
¿Qué he hecho yo para merecer esta mierda de vida?

EFÍMERA SALUD

Salud efímera que marca nuestras vidas.
Ilusiones creadas quedándose en la vaguada.
Llantos que son espinas.
Salud, cruel amiga.
Gritos silenciosos buscando salidas;
no hay salud, no hay vida.
Murmullos de aliento, cada instante un lamento.
Fuerzas perdidas por este sistema que no avanza,
ni por políticos ni por venganza.

AMANECER, ATARDECER Y ANOCHECER

No te dejes morir en la indigencia,
mendigante de ti / y no obteniendo
de ti lo que tampoco de los otros.
Román López-Cabrera

Mirando el horizonte contemplaba el amanecer.
Un día más pensaba: «no tengo afán de luchar por nada».
Tratando de comprender la vida mientras el sol ascendía.
Palabras que resuenen en mi cabeza entre tanta tristeza.
Lágrimas de un futuro incierto, corazón enfundado
en palabras de esperanzas.
Mirando el atardecer observé que podía no ser cierto.
Fe y lucha perdidas tras semejante agonía.
Atardecer que invita a la despedida de una vida
que agoniza tras tanto combatir
por ahuyentar la soledad sobrevenida.
Anochecer que llega como alma en pena,
pensamientos quebrados
deseando ser conquistados.
Un día más en esta mi triste realidad.

II. PARTE

AMOR, DESEO Y DESPEDIDAS

ESPERÉ

Te esperé toda la noche
en aquella habitación donde
estaba toda la ropa que no te llevaste.
Esperé recordando los amargos
recuerdos que dejaste.
Miré la ventana esperando señales.
Bloqueaste mi corazón y ni mi alma
consiguió sanarse.

ENTRE ESTUDIOS TE ENCONTRÉ

*Així **és** la geografía del meu cor.*
Lluís Llach

Estudié de memoria la geografía de tu cuerpo.
Mis manos leían tu sistema montañoso.
Mis labios encontraban tus ríos por donde surcaban.
Mis ojos se unían a los tuyos durante el estudio.
Deseo y pasión nuestro pensamiento.
La compañía nuestro gran sentimiento.

UTOPÍA

Abrazos que se convirtieron en deseos.
Amor que se convirtió en dolor.
La flor que marchitó.
La estrella que desapareció.
La transparencia del alma, una utopía que nunca se alcanzó.

BATALLA PERDIDA

Un día alguien me dijo que las guerras no se ganan.
Un día mi mente se cansó de buscar valor.
Hasta que llegó el momento
en el que cruzamos nuestras miradas.
Armonía y paz, tranquilidad y serenidad surgieron de la nada.
Parecía que llegaba la vida.
El resurgir que nos elevaría.
Pero el dolor no ayudó.
Dos completos desconocidos terminaron diciéndose adiós.

DESAMOR

En la sombra del adiós se esconde el desencanto,
susurros en silencio, dolor en cada canto.
Se apaga la llama que un día fue fulgor,
en este poema triste del eterno desamor.

BONITA CASUALIDAD

Me sana(ba)s con tu existencia
de la inquieta sombra del silencio.
PATRICIA CRESPO

Fue la casualidad la que te encontró.

Tu simpatía, la que me atrapó.

Tu risa, la que me hipnotizó.

Tu voz, la que me cautivó.

Tu valentía, la que me sorprendió.

Tu confianza en mí, la que prendió
esa vida apagada que estaba a punto de decir adiós.

CRUCE DE CAMINOS

Dos desconocidos se cruzaron en el camino.
Dos miradas que quedaron entrelazadas.
Un segundo que pareció un mundo.
Dos desconocidos que decidieron
volver a recorrer ese mismo camino.
Sus miradas volvieron a quedarse clavadas.
Y sería el destino aquel que los unió el que nunca los separó.

DESPEDIDAS

¿Tejiste un nudo de palabras para abandonarme en él?
PATRICIA CRESPO

Sabías que te ibas y me preparaste para tu partida.

Me preparaste para un duelo que no quería ni ver.

Disfrutamos tus últimos días de manera repentina.

Besos y caricias que quedaron en nuestra retina.

Dolor y sufrimiento que quedarían

grabados en nuestros pensamientos.

Me preparaste para tu partida,

pero no me imaginaba llegar a ese último día.

Marchaste con paz y serenidad

entre tanto tormento y sufrimiento.

No era tu momento, ni tampoco el nuestro.

OLVIDO

En la quietud de la noche, un suspiro perdido.

Amor que se ausenta, dándolo todo por perdido.

Soledad como sombra, en el rincón callado.

Esperando el eco de un amor ya olvidado.

EXPLORAR

Entre luces que bailan dos almas se encuentran,

y una aventura despierta

como estrellas que centellean.

Dos mujeres valientes en un mundo de encanto,
exploran juntas el amor como manto.

DESAFÍOS

En el abrazo, valientes suspiros,

amor eterno, sin más retiros.

Ante el desafío, unidos de pie, valentía

y amor, nuestra ley.

En el sendero donde el miedo acecha,

el amor resplandece, nunca despecha.

Con valentía, enfrentamos el temor, juntos
construimos nuestro propio calor.

AMOR PROPIO

En mi ser, un tesoro sin igual, amor

propio y salud en mi hogar.

En cada latido, en cada acción,
cultivo amor propio y cuidado con pasión.

OLVIDO

En el afán del olvido se encuentran tus abrazos prohibidos.

En mi memoria, tu sonrisa clavada.

Mi corazón, un latir sin rumbo y con pasión.

Mis manos temblorosas deseando abrazar a una diosa.

Mi anhelo, volver a encontrar consuelo.

Un matiz en esta gran locura sería volver a ser feliz.

Un sueño, terminar con este dolor con un mensaje esperanzador.

SALIDA

Estoy triste… y no sé por qué;
he bebido amor,
y aún tengo sed.
Gloria Fuertes

Buscando una salida,
me topé con tu sonrisa.
Con el corazón y el alma rotos,
encontré perdón en un abrazo.
Sanación en un beso y te quieros silenciados,
brotaron en un llanto.

ESPERANZA

Fue tu chispa la que iluminó una vida.
Voluntad quebrada por falta de esperanza.
Sonrisa perdida ante una vida en constante desdicha.
Soledad no elegida por idas y venidas.
Luchas perdidas, constante agonía.
Salud añorada e ilusión desaparecida.
Idas y venidas, quién lo iba a decir en esta nuestra vida.
Esperanza recuperada al escuchar por primera vez tu sonrisa.

CONSUELO

Lucha constante en el deseo de besarte.
Rabia contenida al ver dicha imagen desde la lejanía.
Futuro incierto en cada supuesto encuentro.
Luz e ilusión creada a través de unas palabras.
Fuiste sol durante el gran chaparrón.
Fuiste calma en medio de la gran maraña.
Gracias infinitas por tu amistad bien avenida.

CORAZÓN HERIDO

Rincones oscuros donde quedan sentimientos.
Amores que esperas florecer, pero ni siquiera llegan a germinar.
Cruce de miradas donde las sonrisas se delatan,
corazones que laten a la vez que se apagan.
Pasos paralelos que buscan un encuentro
desde el más profundo deseo.
Noches de testigo que guardan anhelar calladas,
ecos de caricias que todavía no han llegado.
Abrazo vacío, silencio cruel.
Soledad que se asienta como sombra en la piel.
Recuerdos que evocan nuevos sufrimientos.
Amor en desuso destinado a morir.
Pero aquí sigo, adelante con el corazón herido,
aprendiendo a amar sin ser correspondido.
En cada lágrima hay fuerza y una verdad
que muy pocos comprenderán.

III. PARTE

BAILE

PRIMER VALS

Este lugar donde habito loco, oscuro y perturbador.

Donde las lágrimas son compañeras del alma, compañeras de vida.

En este lugar donde habito, llegaste tú como un torbellino.

Soledad convertida en amistad.

Lágrimas en sonrisas, desgana en esperanza.

Desde entonces en la oscuridad comenzó a verse luminosidad.

Las ganas de morir se convirtieron en ganas de vivir.

Las ganas de llorar se convirtieron en ganas de bailar.

Tú y yo bailando un vals.

BAILAR CON LA SOLEDAD

Soledad:
vivir en ella,
vivir con ella,
vivir desde ella;
ser solitario,
ser con otro solitario,
con otra soledad
distante o distinta.
IVÁN NAVARRO LLUESMA

En el sobre del destino baila la soledad,
como un lamento mudo que abraza la verdad.

Entre las sombras se entrelazan bailarines
secretos, la muerte y la soledad bailan a ritmo indiscreto.

Rimas que murmuran adiós en la oscura partitura.

Un poema que relata el fin con melancolía pura.

Bajo el manto de la noche, se abrazan en silencio,
la muerte y la soledad bailan sin arrepentimiento.

Rimas que resuenan en el último aliento,
en el poema eterno donde convergen con el tiempo.

AMOR Y EL BAILE ETERNO

Intensidad, en tu forma de besar.

Firmeza en tus palabras que parecen un muro de fortaleza.

Fuerza, en tu forma de abrazar.

Emoción, cuando el deseo de tus caricias se convierte en pasión.

Silencios que dicen en exceso.

La intensidad ligada a la eternidad.

Un baile eterno que nos lleve al más allá.

QUILOMBO

Ruidos de tambores se escuchaban dentro de nuestros corazones.

Silencios escasos que duraban un lapso.

Danzas salvajes en el más bello paisaje.

Miradas reflejadas en aquel vals que dominabas.

Ritmos que latían en cada melodía.

Corazones vibrando bajo un tempo acelerado.

Te uniste a la banda bajo mi atenta mirada.

Miradas entrelazadas sin afán de liberarlas.

Ritmo y baile eternos que creó nuestro pensamiento.

LATIDOS

En el susurro del viento,
en cada instante un lamento.
Palpita el sentir del vivir,
susurra la vida, danza el existir.
Durante el latido del día, la vida danza,
siente el alma y la esencia avanza.
Danza el alma cuando tu corazón está en calma.
Vivir es un suspirar, sentir un eterno bailar.

CORAZONES DESACOMPASADOS

Ojos que son estrellas brillando en la oscuridad.
Miradas efímeras buscando tu sonrisa.
Sonrisas que se apagan a la vez que mi corazón estalla.
Tu mirada me pierde en un océano de ilusiones,
mientras el compás de nuestras vidas marca decepciones.
Pensando en un baile eterno yo me estremezco,
me falta el aire al observar que nunca llega dicho cortejo.
Mientras tanto en la lejanía, atiendo al eco
sobre tus huellas descalzas,
se escuchan pasos desacompasados
buscando un ritmo perfecto.
Mientras tanto yo aquí seguiré soñando
con ese baile que moriré esperando.

BALADA INESPERADA

Comenzó la melodía en el momento de encontrarnos.
Manos entrelazadas que temblaban con la inesperada balada.
Ojos iluminados al entrar nuestros cuerpos en contacto.
Bailando soñamos con un final de encanto.
La música acompañaba nuestros pasos,
soñando al mismo tiempo por un encuentro más cercano.
Amor inesperado que partió del ritmo que mente y corazón inundó.

FRAGMENTOS DE UNA VIDA

Este nuevo libro de Manoli Penalva Lorca es la primera incursión que la escritora hace en la poesía; el poemario es un recorrido íntimo por los laberintos de la vida, el amor, el desamor, la superación, los miedos y las despedidas. Cada verso nace de una emoción auténtica, de un instante de revelación o de sombras, y es aquí donde la poesía se convierte en testigo y en refugio.

A través de estas páginas, la vida se despliega como un viaje imperfecto, a veces en calma, otras con una intensidad que desborda. El amor se dibuja como un sentimiento poderoso, capaz de elevarnos a lugares de ensueño y, a su vez, sumergirnos en la profundidad de la nostalgia. Los poemas de amor celebran la complicidad, el renacer que sentimos en la presencia del otro; ese sentido de pertenencia que solo nace en el calor de un abrazo o en el brillo de una mirada.

Pero donde hay amor también se filtra el desamor, inevitable y crudo. La poesía revela ese dolor que no se calla, el duelo silencioso de un adiós inesperado, el eco de las palabras que no se dijeron. Este desamor es el abismo que nos hace preguntarnos quiénes somos sin la presencia de aquel a quien amamos; es la grieta que marca el principio de una búsqueda interior.

En este viaje poético que nos ha presentado Manoli la superación surge como un acto de valentía, una apuesta por el amor propio y la sanación. Enfrentar los miedos, descubrir que no son enemigos, sino reflejos de nuestro deseo de avanzar. Cada poema de superación es un pequeño triunfo sobre las sombras, un recordatorio de que podemos renacer, incluso de nuestras cenizas. Es en este proceso donde la poesía se vuelve bálsamo, una voz que no juzga, que escucha y que empuja a seguir.

Y al final, la despedida, no como un fin, sino como una transición, una transformación. La despedida es también la posibilidad de un nuevo comienzo, un nuevo baile, un adiós que nos abre a lo que vendrá. Las palabras se vuelven susurros que abrazan, que cierran heridas y nos dejan el sabor agridulce de lo que fue.

Este epílogo es una invitación a releer estas páginas con el corazón abierto, dejando que cada poema sea un espejo de nuestras propias experiencias. Que estas palabras sirvan como compañía, como consuelo, y como impulso para recordar que, después de cada pérdida, de cada miedo y cada despedida, siempre queda algo nuestro intacto, algo capaz de volver a amar y de seguir adelante. Nos hace recordar que cada experiencia tiene un propósito, que cada caída y cada duda nos empujan a una búsqueda más profunda de lo que somos. Cada verso nos desafía a mirar más allá de lo evidente, a apreciar el misterio que subyace en lo que damos por hecho.

Que el lector lleve consigo estos poemas como quien guarda un secreto, un talismán de palabras para las jornadas inciertas, un recordatorio de que la vida, con todos sus contrastes, vale la pena ser vivida. Que cada página invite a ser un recordatorio de nuestro propio camino, de la belleza de existir, de resistir, de celebrar incluso las imperfecciones.

Que estas palabras inspiren a mirar con ojos nuevos el milagro de cada día, a comprender que en cada experiencia, en cada paso y en cada caída hay un poema único. La vida está hecha de pequeños fragmentos, y estos versos aspiran a ser la memoria de esos instantes que, al final, nos definen.

Fernando Mañogil Martínez

Índice

II. PARTE - AMOR, DESEO Y DESPEDIDAS

III. PARTE - BAILE

Este libro se terminó de editar en Granada
en febrero de 2025 por

Aliarediciones

www.aliarediciones.es
info@aliarediciones.es